핑크펜더의 종이구관

PAPER DOLL

신자은 지음

위즈덤하우스

CONTENTS

차례

HOW TO MAKE

옷

이렇게 만들어요

작가의 말

핑크펜더

레이디 스타일

07

PAPER DOLL

주니어 스타일

PAPER DOLL

미니 스타일

37

입체 배경

51

HOW TO MAKE

입체
배경

이렇게 만들어요

52

특별 부록

71

보관 박스

소품

내가 직접 꾸미는
MY DIY DOLL

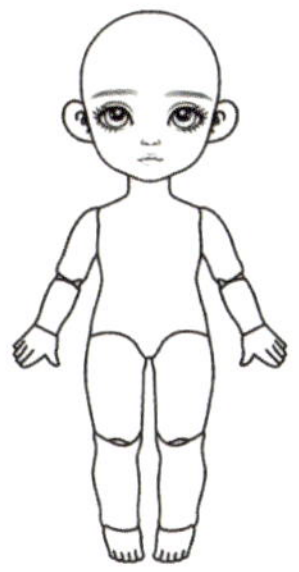

HOW TO MAKE

가방과
신발

이렇게 만들어요

작가의 말

안녕하세요?

'핑크펜더'라는 닉네임으로 활동하고 있는 신자은입니다.

저는 장난감 인형 코너에만 가면

한참을 넋 놓고 바라볼 정도로 인형을 좋아합니다.

당연히 구관인형도 크기별로 모두 소장하고 싶었지요.

하지만 워낙 고가여서 그럴 수가 없었어요.

그래서 종이구관을 만들기 시작했어요.

얼굴, 눈, 메이크업 등 실제 구관인형과 똑같이요.

이렇게 해서 구관인형이랑 싱크로율 100%인

핑크펜더의 종이구관이 탄생하게 되었어요.

핑크펜더의 종이구관으로 여러 크기의 구관인형을 모두 소장하는 즐거움과

종이구관 인형 놀이의 매력을 느껴 보세요!

블로그 http://blog.naver.com/pinkgroove

인스타그램 https://instagram.com/pinkgroove

메일 pinkgroove@naver.com

핑크펜더
pinkgroove

레이디 스타일

LADY
STYLE

LADY STYLE LADY STYLE LADY STYLE LADY STYLE LADY STYLE LADY STYLE
LADY STYLE LADY STYLE LADY STYLE LADY STYLE LADY STYLE LADY STYLE
LADY STYLE LADY STYLE LADY STYLE LADY STYLE LADY STYLE LADY STYLE
LADY STYLE LADY STYLE LADY STYLE LADY STYLE LADY STYLE LADY STYLE
LADY STYLE LADY STYLE LADY STYLE LADY STYLE LADY STYLE LADY STYLE
LADY STYLE LADY STYLE LADY STYLE LADY STYLE LADY STYLE LADY STYLE
LADY STYLE LADY STYLE LADY STYLE LADY STYLE LADY STYLE LADY STYLE
LADY STYLE LADY STYLE LADY STYLE LADY STYLE LADY STYLE LADY STYLE
LADY STYLE LADY STYLE LADY STYLE LADY STYLE LADY STYLE LADY STYLE
LADY STYLE LADY STYLE LADY STYLE LADY STYLE LADY STYLE LADY STYLE
LADY STYLE LADY STYLE LADY STYLE LADY STYLE LADY STYLE LADY STYLE
LADY STYLE LADY STYLE LADY STYLE LADY STYLE LADY STYLE LADY STYLE
LADY STYLE LADY STYLE LADY STYLE LADY STYLE LADY STYLE LADY STYLE
LADY STYLE LADY STYLE LADY STYLE LADY STYLE LADY STYLE LADY STYLE

LADY BODY 레이디 바디

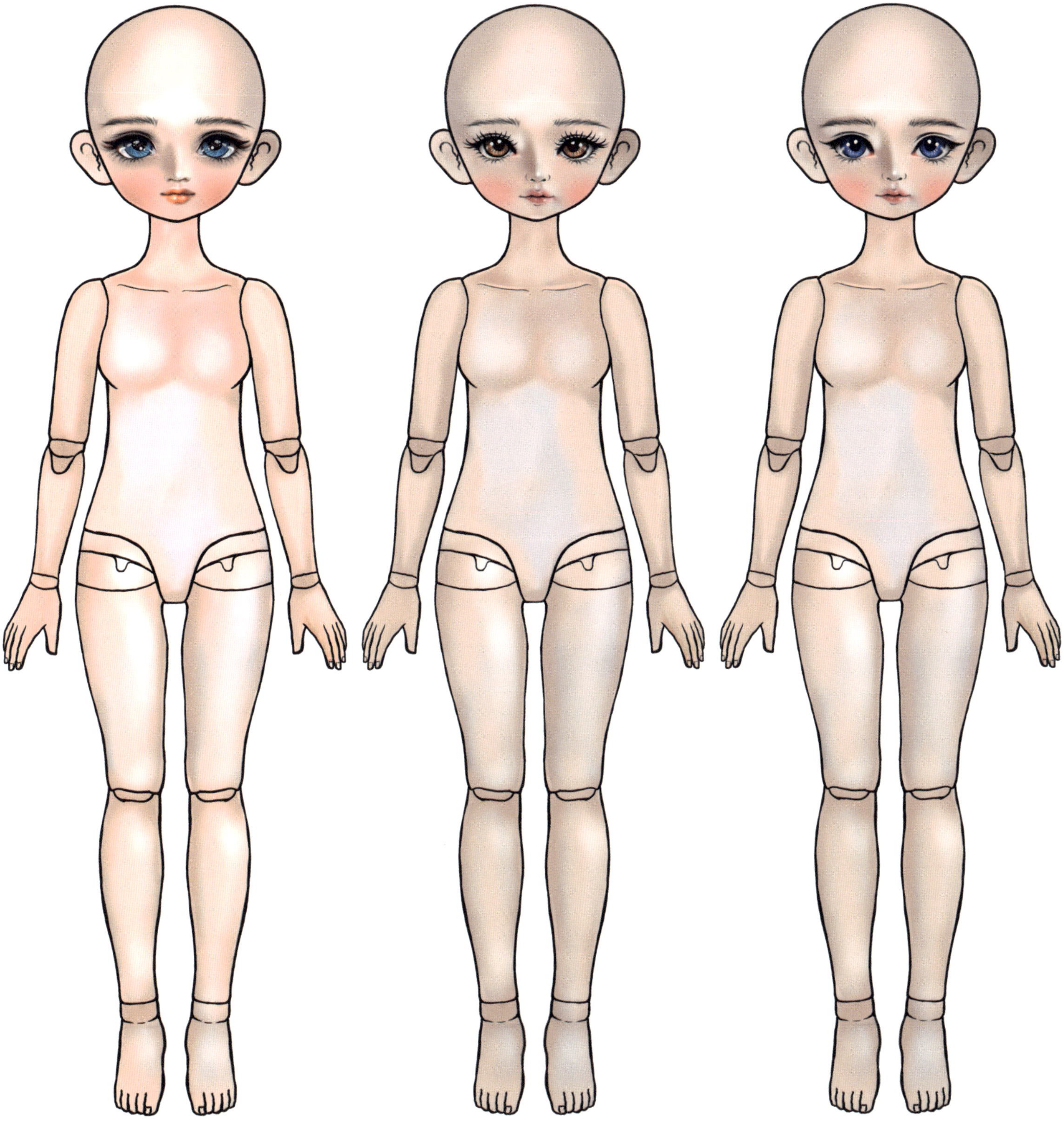

LADY STYLE LADY STYLE LADY STYLE LADY STYLE LADY STYLE LADY STYLE
LADY STYLE LADY STYLE LADY STYLE LADY STYLE LADY STYLE LADY STYLE
LADY STYLE LADY STYLE LADY STYLE LADY STYLE LADY STYLE LADY STYLE
LADY STYLE LADY STYLE LADY STYLE LADY STYLE LADY STYLE LADY STYLE
LADY STYLE LADY STYLE LADY STYLE LADY STYLE LADY STYLE LADY STYLE
LADY STYLE LADY STYLE LADY STYLE LADY STYLE LADY STYLE LADY STYLE
LADY STYLE LADY STYLE LADY STYLE LADY STYLE LADY STYLE LADY STYLE
LADY STYLE LADY STYLE LADY STYLE LADY STYLE LADY STYLE LADY STYLE
LADY STYLE LADY STYLE LADY STYLE LADY STYLE LADY STYLE LADY STYLE
LADY STYLE LADY STYLE LADY STYLE LADY STYLE LADY STYLE LADY STYLE
LADY STYLE LADY STYLE LADY STYLE LADY STYLE LADY STYLE LADY STYLE
LADY STYLE LADY STYLE LADY STYLE LADY STYLE LADY STYLE LADY STYLE
LADY STYLE LADY STYLE LADY STYLE LADY STYLE LADY STYLE LADY STYLE
LADY STYLE LADY STYLE LADY STYLE LADY STYLE LADY STYLE LADY STYLE

© 핑크팬더의 종이구관
레이디 스타일
LADY STYLE
1

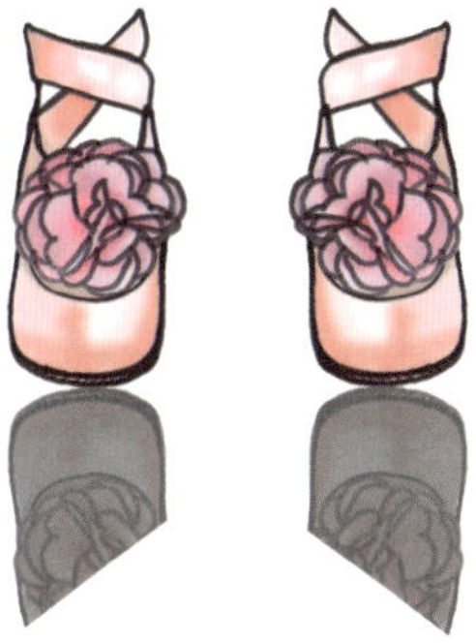

풀칠해서 앞머리 붙이세요

레이디 스타일

LADY STYLE

2

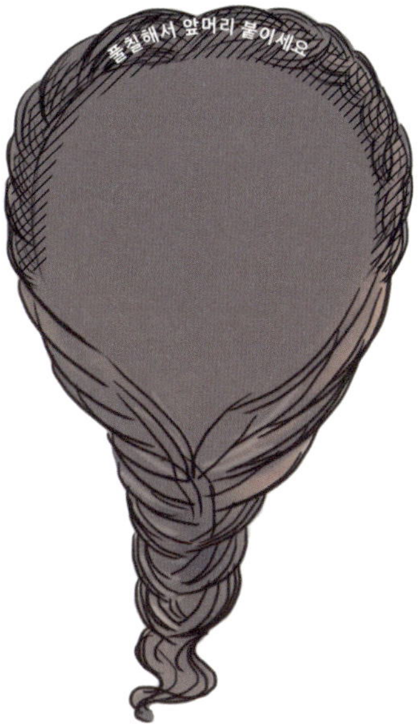

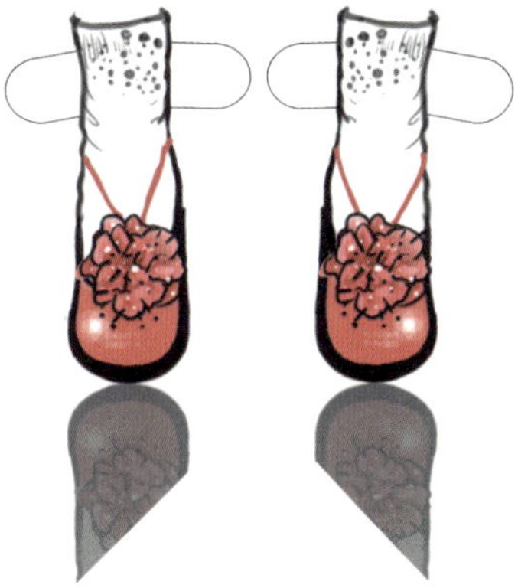

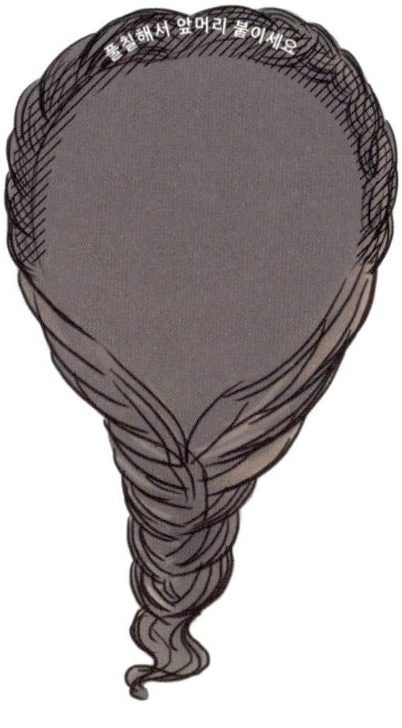

LADY STYLE LADY STYLE LADY STYLE LADY STYLE LADY STYLE LADY STYLE
LADY STYLE LADY STYLE LADY STYLE LADY STYLE LADY STYLE LADY STYLE
LADY STYLE LADY STYLE LADY STYLE LADY STYLE LADY STYLE LADY STYLE
LADY STYLE LADY STYLE LADY STYLE LADY STYLE LADY STYLE LADY STYLE
LADY STYLE LADY STYLE LADY STYLE LADY STYLE LADY STYLE LADY STYLE
LADY STYLE LADY STYLE LADY STYLE LADY STYLE LADY STYLE LADY STYLE
LADY STYLE LADY STYLE LADY STYLE LADY STYLE LADY STYLE LADY STYLE
LADY STYLE LADY STYLE LADY STYLE LADY STYLE LADY STYLE LADY STYLE
LADY STYLE LADY STYLE LADY STYLE LADY STYLE LADY STYLE LADY STYLE
LADY STYLE LADY STYLE LADY STYLE LADY STYLE LADY STYLE LADY STYLE
LADY STYLE LADY STYLE LADY STYLE LADY STYLE LADY STYLE LADY STYLE
LADY STYLE LADY STYLE LADY STYLE LADY STYLE LADY STYLE LADY STYLE
LADY STYLE LADY STYLE LADY STYLE LADY STYLE LADY STYLE LADY STYLE
LADY STYLE LADY STYLE LADY STYLE LADY STYLE LADY STYLE LADY STYLE

레이디 스타일

LADY STYLE

3

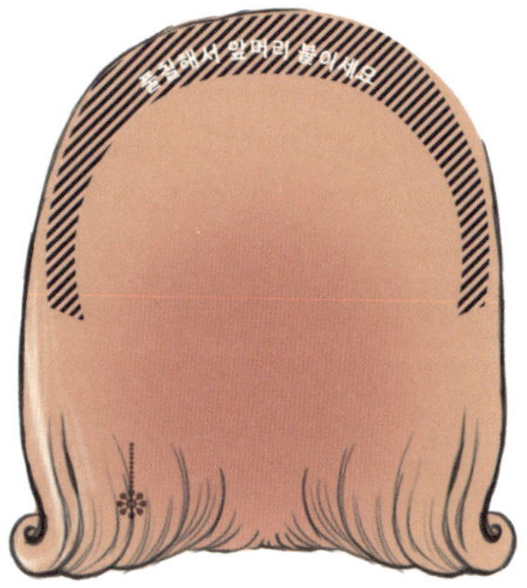

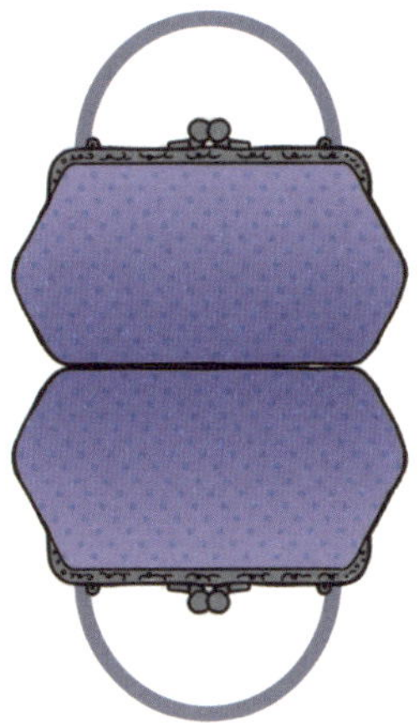

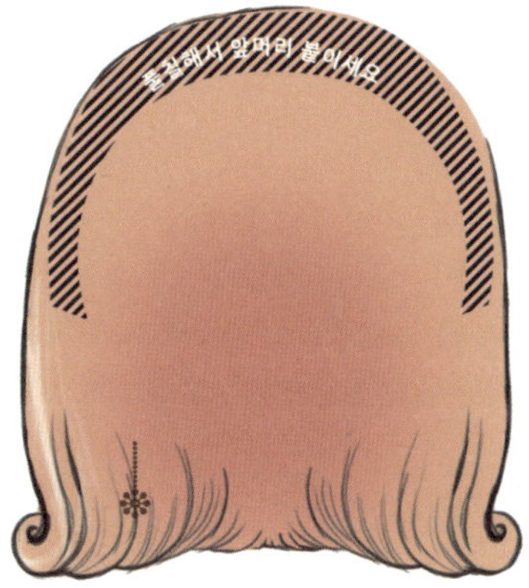

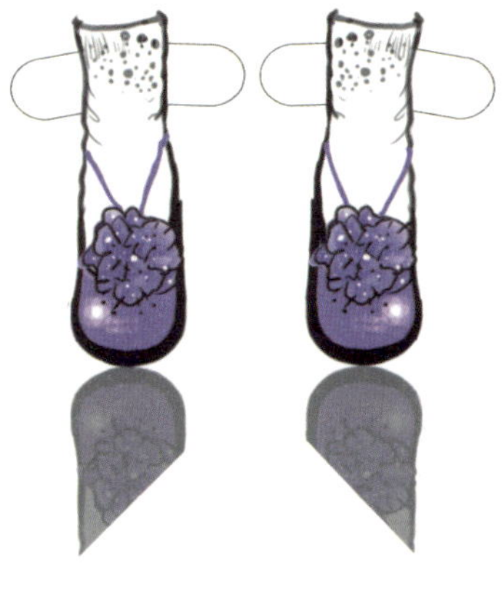

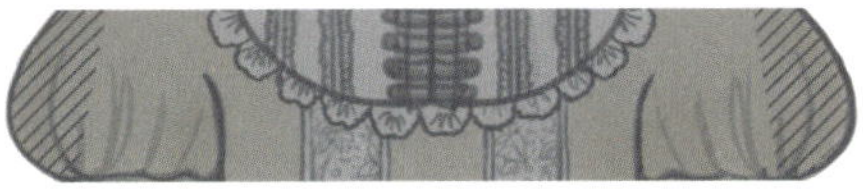

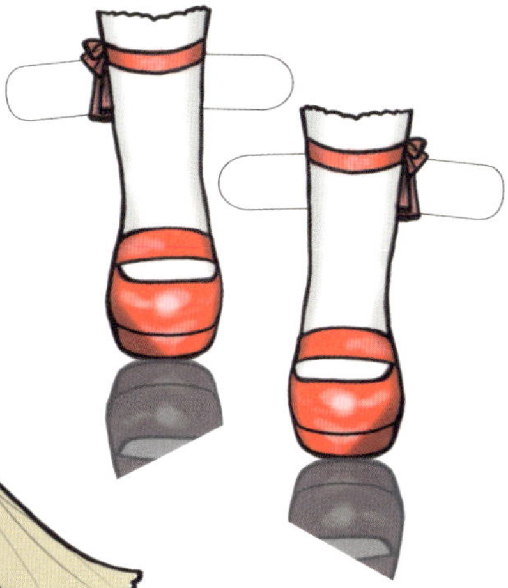

레이디 스타일

LADY STYLE

4

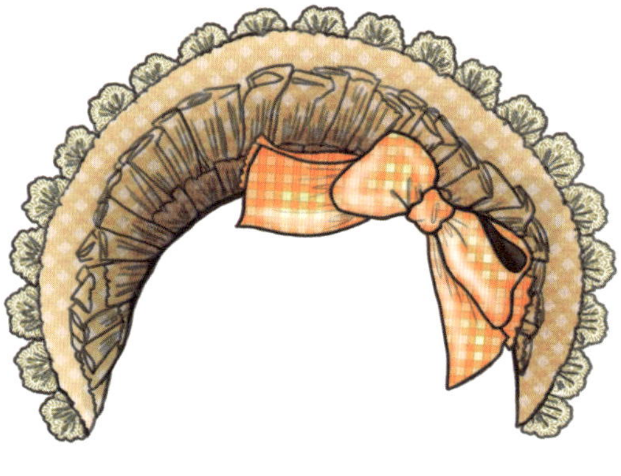

LADY STYLE LADY STYLE LADY STYLE LADY STYLE LADY STYLE LADY STYLE
LADY STYLE LADY STYLE LADY STYLE LADY STYLE LADY STYLE LADY STYLE
LADY STYLE LADY STYLE LADY STYLE LADY STYLE LADY STYLE LADY STYLE
LADY STYLE LADY STYLE LADY STYLE LADY STYLE LADY STYLE LADY STYLE
LADY STYLE LADY STYLE LADY STYLE LADY STYLE LADY STYLE LADY STYLE
LADY STYLE LADY STYLE LADY STYLE LADY STYLE LADY STYLE LADY STYLE
LADY STYLE LADY STYLE LADY STYLE LADY STYLE LADY STYLE LADY STYLE
LADY STYLE LADY STYLE LADY STYLE LADY STYLE LADY STYLE LADY STYLE
LADY STYLE LADY STYLE LADY STYLE LADY STYLE LADY STYLE LADY STYLE
LADY STYLE LADY STYLE LADY STYLE LADY STYLE LADY STYLE LADY STYLE
LADY STYLE LADY STYLE LADY STYLE LADY STYLE LADY STYLE LADY STYLE
LADY STYLE LADY STYLE LADY STYLE LADY STYLE LADY STYLE LADY STYLE
LADY STYLE LADY STYLE LADY STYLE LADY STYLE LADY STYLE LADY STYLE

레이디 스타일

LADY STYLE

5

LADY STYLE LADY STYLE LADY STYLE LADY STYLE LADY STYLE LADY STYLE
LADY STYLE LADY STYLE LADY STYLE LADY STYLE LADY STYLE LADY STYLE
LADY STYLE LADY STYLE LADY STYLE LADY STYLE LADY STYLE LADY STYLE
LADY STYLE LADY STYLE LADY STYLE LADY STYLE LADY STYLE LADY STYLE
LADY STYLE LADY STYLE LADY STYLE LADY STYLE LADY STYLE LADY STYLE
LADY STYLE LADY STYLE LADY STYLE LADY STYLE LADY STYLE LADY STYLE
LADY STYLE LADY STYLE LADY STYLE LADY STYLE LADY STYLE LADY STYLE
LADY STYLE LADY STYLE LADY STYLE LADY STYLE LADY STYLE LADY STYLE
LADY STYLE LADY STYLE LADY STYLE LADY STYLE LADY STYLE LADY STYLE
LADY STYLE LADY STYLE LADY STYLE LADY STYLE LADY STYLE LADY STYLE
LADY STYLE LADY STYLE LADY STYLE LADY STYLE LADY STYLE LADY STYLE
LADY STYLE LADY STYLE LADY STYLE LADY STYLE LADY STYLE LADY STYLE
LADY STYLE LADY STYLE LADY STYLE LADY STYLE LADY STYLE LADY STYLE
LADY STYLE LADY STYLE LADY STYLE LADY STYLE LADY STYLE LADY STYLE

풀칠해서 앞머리 붙이세요
© 핑크펜더의 종이구관
레이디 스타일
LADY STYLE
6
Smile
풀칠해서 앞면을 붙이세요
Smile

주니어 스타일

JUNIOR
STYLE

Junior Body 주니어 바디

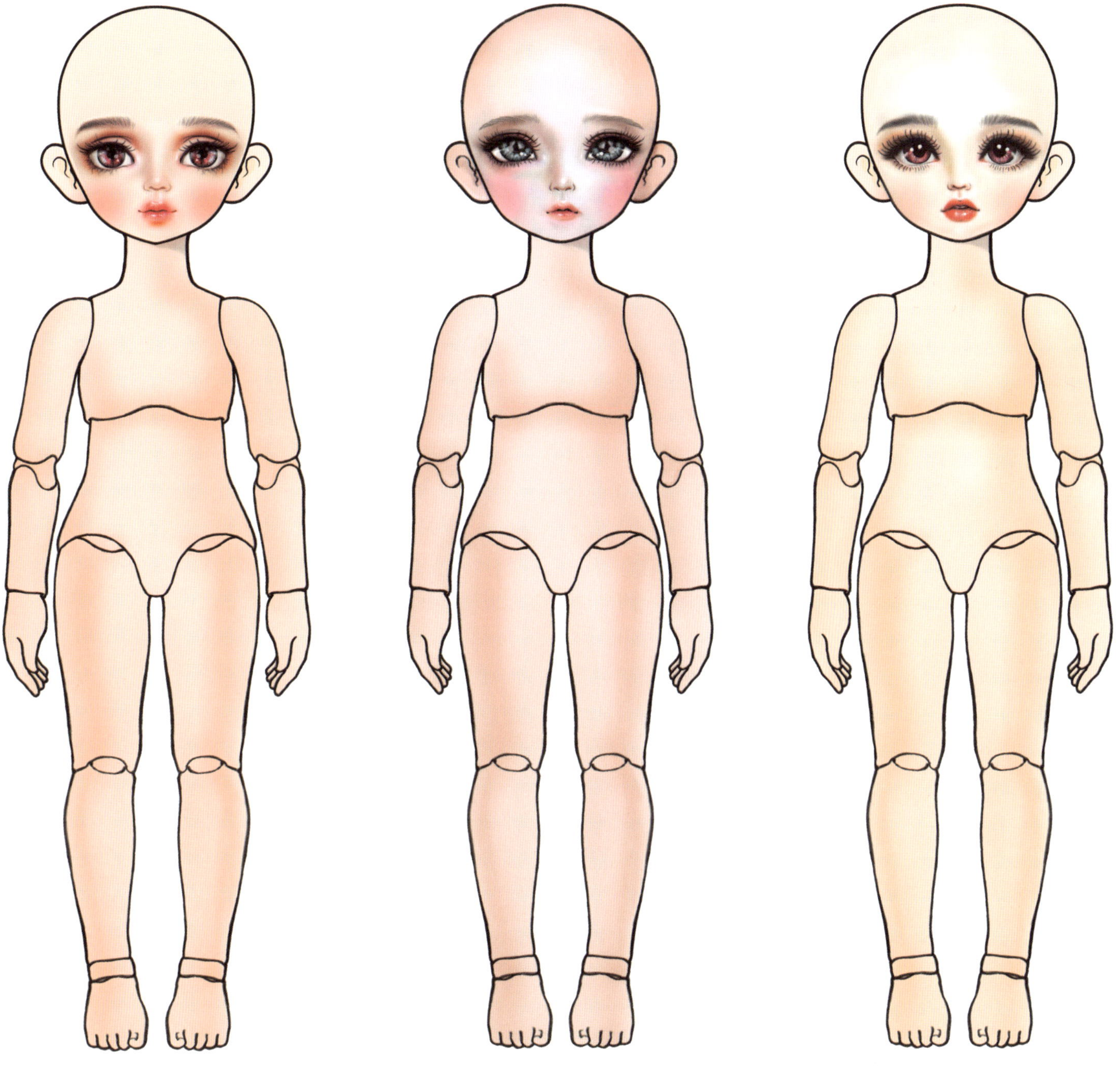

주니어 스타일

JUNIOR STYLE

1

풀칠해서 앞머리 붙이세요
풀칠해서 앞머리 붙이세요
주니어 스타일
JUNIOR STYLE
2

주니어 스타일

JUNIOR STYLE

3

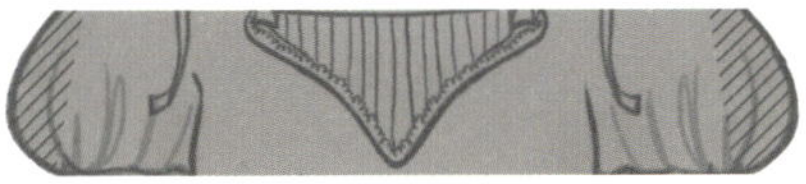

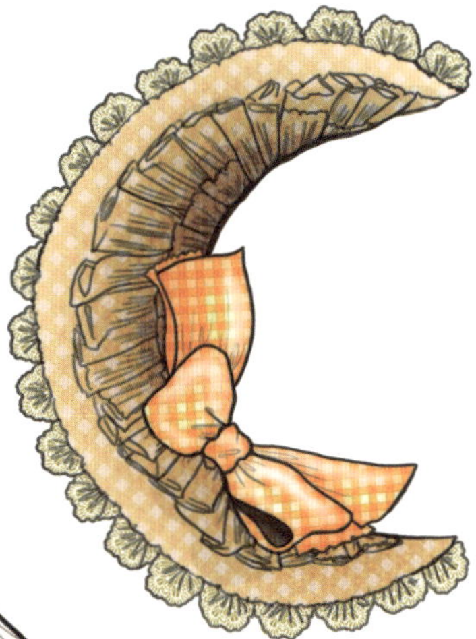

주니어 스타일

JUNIOR STYLE

4

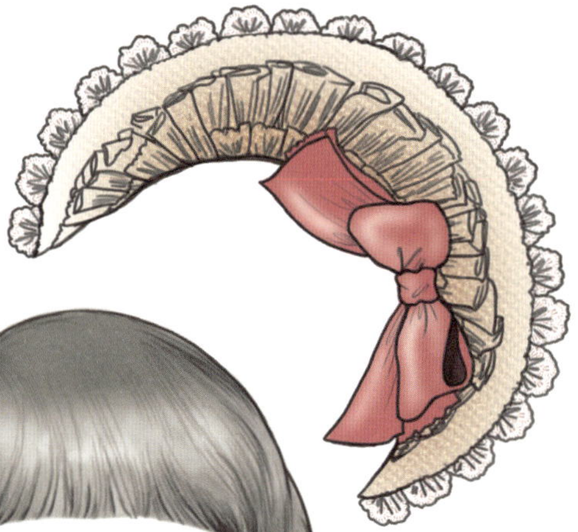

슈즈는 부록
페이지에 있어요

주니어 스타일

JUNIOR STYLE

5

미니 스타일

MINI
STYLE

MINI BODY 미니바디

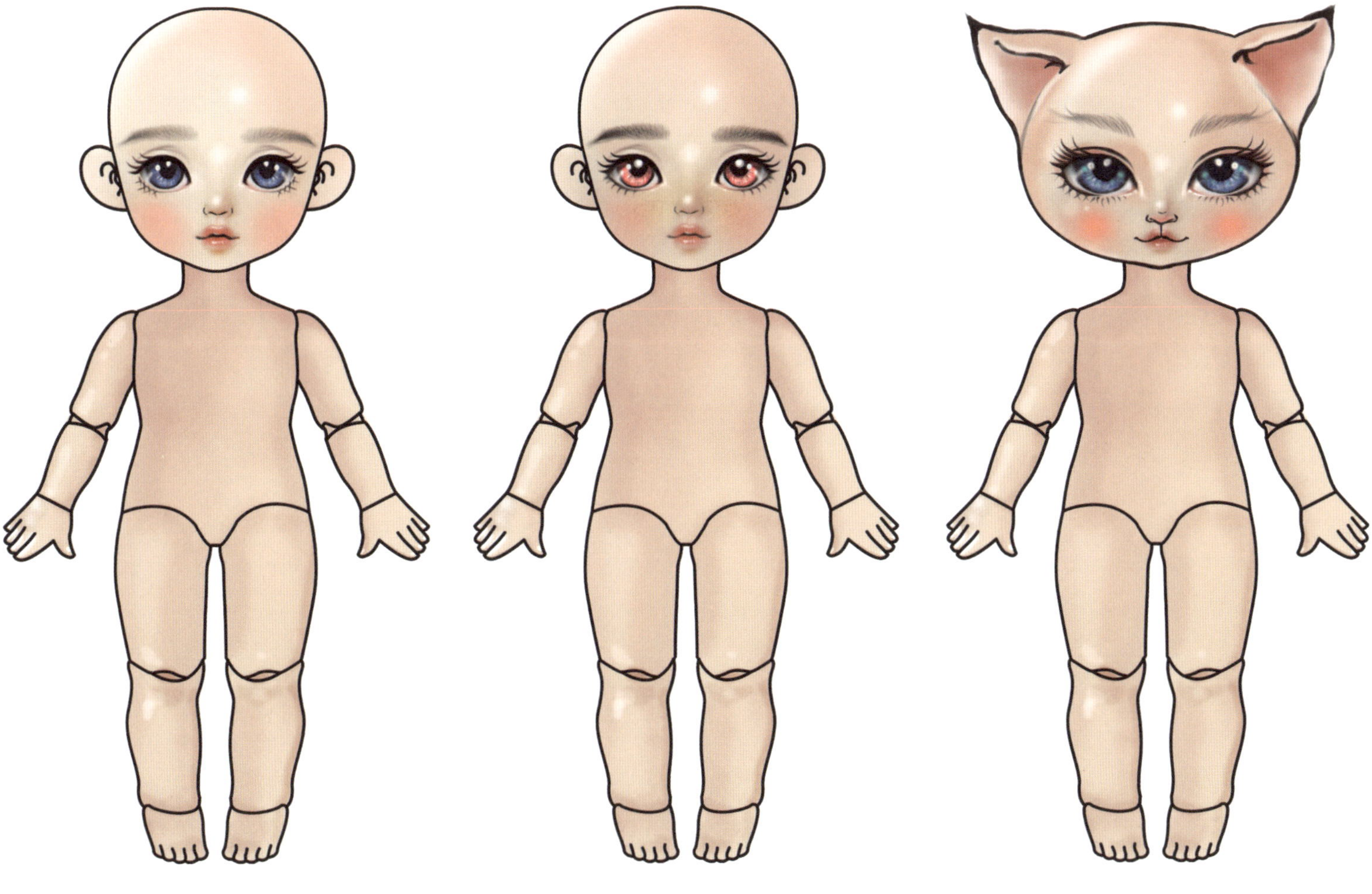

미니 스타일
MINI STYLE
1
풀칠해서 앞머리 붙이세요
풀칠해서 앞머리 붙이세요
풀칠해서 앞머리 붙이세요

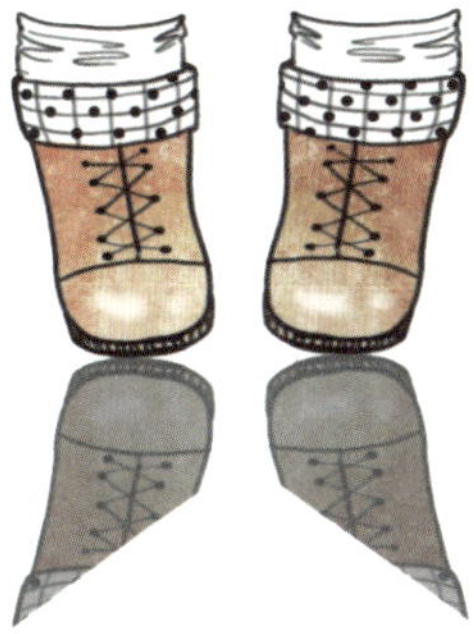

미니 스타일

MINI STYLE

2

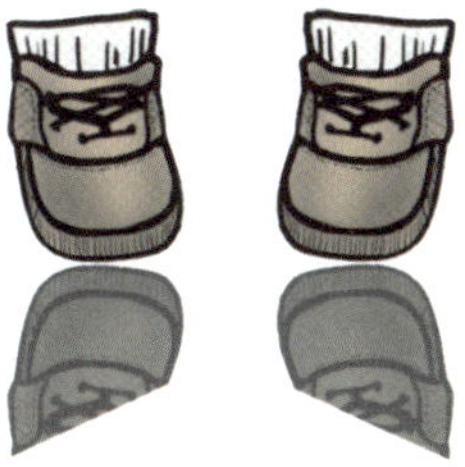

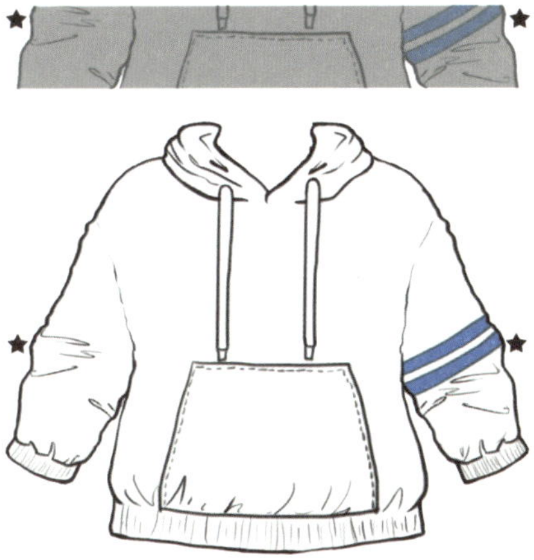

MINI STYLE MINI STYLE MINI STYLE MINI STYLE MINI STYLE
MINI STYLE MINI STYLE MINI STYLE MINI STYLE MINI STYLE
MINI STYLE MINI STYLE MINI STYLE MINI STYLE MINI STYLE
MINI STYLE MINI STYLE MINI STYLE MINI STYLE MINI STYLE
MINI STYLE MINI STYLE MINI STYLE MINI STYLE MINI STYLE
MINI STYLE MINI STYLE MINI STYLE MINI STYLE MINI STYLE
MINI STYLE MINI STYLE MINI STYLE MINI STYLE MINI STYLE
MINI STYLE MINI STYLE MINI STYLE MINI STYLE MINI STYLE
MINI STYLE MINI STYLE MINI STYLE MINI STYLE MINI STYLE
MINI STYLE MINI STYLE MINI STYLE MINI STYLE MINI STYLE
MINI STYLE MINI STYLE MINI STYLE MINI STYLE MINI STYLE
MINI STYLE MINI STYLE MINI STYLE MINI STYLE MINI STYLE
MINI STYLE MINI STYLE MINI STYLE MINI STYLE MINI STYLE
MINI STYLE MINI STYLE MINI STYLE MINI STYLE MINI STYLE

미니 스타일

MINI STYLE

3

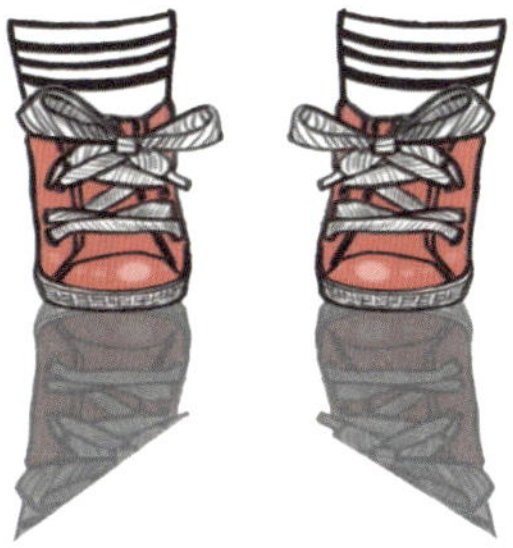

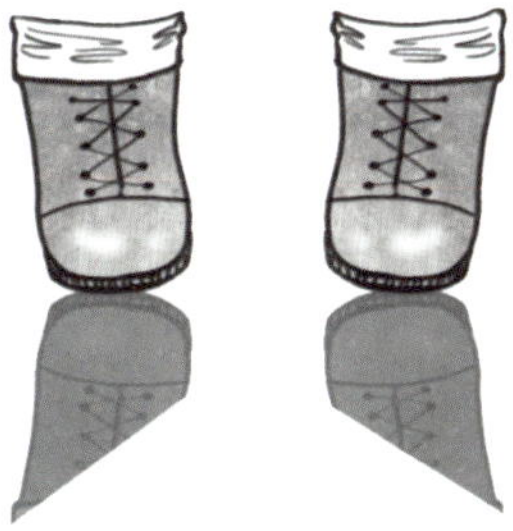

미니 스타일

MINI STYLE

4

MINI STYLE MINI STYLE MINI STYLE MINI STYLE MINI STYLE
MINI STYLE MINI STYLE MINI STYLE MINI STYLE MINI STYLE
MINI STYLE MINI STYLE MINI STYLE MINI STYLE MINI STYLE
MINI STYLE MINI STYLE MINI STYLE MINI STYLE MINI STYLE
MINI STYLE MINI STYLE MINI STYLE MINI STYLE MINI STYLE
MINI STYLE MINI STYLE MINI STYLE MINI STYLE MINI STYLE
MINI STYLE MINI STYLE MINI STYLE MINI STYLE MINI STYLE
MINI STYLE MINI STYLE MINI STYLE MINI STYLE MINI STYLE
MINI STYLE MINI STYLE MINI STYLE MINI STYLE MINI STYLE
MINI STYLE MINI STYLE MINI STYLE MINI STYLE MINI STYLE
MINI STYLE MINI STYLE MINI STYLE MINI STYLE MINI STYLE
MINI STYLE MINI STYLE MINI STYLE MINI STYLE MINI STYLE
MINI STYLE MINI STYLE MINI STYLE MINI STYLE MINI STYLE
MINI STYLE MINI STYLE MINI STYLE MINI STYLE MINI STYLE

풀칠해서 앞머리 붙이세요
미니 스타일
MINI STYLE
5
풀칠해서 앞머리 붙이세요

MINI STYLE MINI STYLE MINI STYLE MINI STYLE MINI STYLE
MINI STYLE MINI STYLE MINI STYLE MINI STYLE MINI STYLE
MINI STYLE MINI STYLE MINI STYLE MINI STYLE MINI STYLE
MINI STYLE MINI STYLE MINI STYLE MINI STYLE MINI STYLE
MINI STYLE MINI STYLE MINI STYLE MINI STYLE MINI STYLE
MINI STYLE MINI STYLE MINI STYLE MINI STYLE MINI STYLE
MINI STYLE MINI STYLE MINI STYLE MINI STYLE MINI STYLE
MINI STYLE MINI STYLE MINI STYLE MINI STYLE MINI STYLE
MINI STYLE MINI STYLE MINI STYLE MINI STYLE MINI STYLE
MINI STYLE MINI STYLE MINI STYLE MINI STYLE MINI STYLE
MINI STYLE MINI STYLE MINI STYLE MINI STYLE MINI STYLE
MINI STYLE MINI STYLE MINI STYLE MINI STYLE MINI STYLE
MINI STYLE MINI STYLE MINI STYLE MINI STYLE MINI STYLE
MINI STYLE MINI STYLE MINI STYLE MINI STYLE MINI STYLE

입체 배경

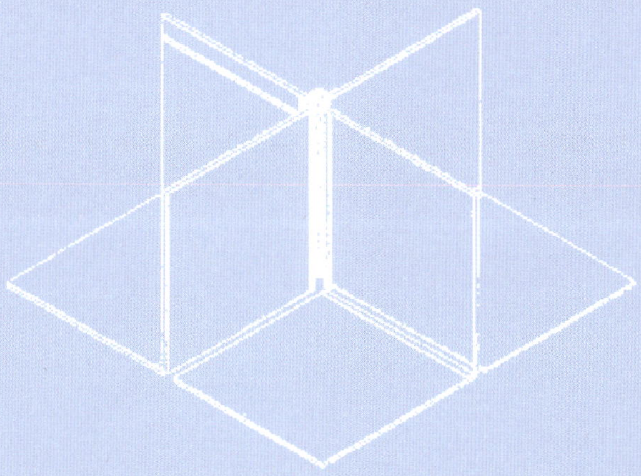

3D BACKGROUND

HOW TO MAKE

이렇게 만들어요

1. 입체 배경 도안 중 벽면이 될 ①~⑤와 바닥면이 될 ⑥~⑨를 뜯어낸 다음, 점선이 있는 도안은 점선 부분이 안으로 오도록 접어 놓아요.

2. ① 앞면과 ② 앞면을 나란히 놓고 테이프를 붙여요.(② 뒷면과 ③ 앞면, ③ 뒷면과 ④ 앞면, ④ 뒷면과 ⑤ 앞면도 똑같은 방법으로 붙여요.)

3. 도안 ⑥~⑨를 같은 번호의 풀칠면과 붙이는 면끼리 붙여 바닥을 만들어요.

4. 도안 ①~⑤를 순서대로 붙인 벽면을 바닥면 위에 놓고 같은 번호의 풀칠면과 붙이는 면끼리 붙여 바닥면 위에 세워요.

5. ① 뒷면과 ⑤ 뒷면이 벌어지지 않도록 클립을 끼우거나 집게로 집어 모양을 완성해요.

6. 사용하지 않을 때는 다음과 같이 접은 다음 집게로 집어 보관하면 편리해요.

① 앞면

풀칠면 ④

① 뒷면

핑크팬더의 종이구관

PAPER DOLL

입체
배경

② 앞면

② 뒷면

풀칠면 ⑤

③ 앞면

③ 뒷면

풀칠면 ⑥

④ 앞면

④ 뒷면

풀칠면 ⑦

⑤ 앞면

풀칠면 ⑧

⑤ 뒷면

핑크펜더의 종이구관

PAPER DOLL

입체
배경

⑥ 앞면

⑥ 뒷면

붙이는 면 ④

붙이는 면 ①

풀칠면 ①

⑦ 뒷면

붙이는 면 ②

붙이는 면 ⑤

⑧ 앞면

풀칠면 ②

⑧ 뒷면

붙이는 면 ③

붙이는 면 ⑨

⑨ 앞면

풀칠면 ③

⑨ 뒷면

붙이는 면 ⑧

붙이는 면 ⑦

특별 부록

보관 박스

소품

내가 직접 꾸미는 MY DIY DOLL

SPECIAL GIFT

SPECIAL GIFT SPECIAL GIFT SPECIAL GIFT SPECIAL GIFT SPECIAL GIFT
SPECIAL GIFT SPECIAL GIFT SPECIAL GIFT SPECIAL GIFT SPECIAL GIFT
SPECIAL GIFT SPECIAL GIFT SPECIAL GIFT SPECIAL GIFT SPECIAL GIFT
SPECIAL GIFT SPECIAL GIFT SPECIAL GIFT SPECIAL GIFT SPECIAL GIFT
SPECIAL GIFT SPECIAL GIFT SPECIAL GIFT SPECIAL GIFT SPECIAL GIFT
SPECIAL GIFT SPECIAL GIFT SPECIAL GIFT SPECIAL GIFT SPECIAL GIFT
SPECIAL GIFT SPECIAL GIFT SPECIAL GIFT SPECIAL GIFT SPECIAL GIFT
SPECIAL GIFT SPECIAL GIFT SPECIAL GIFT SPECIAL GIFT SPECIAL GIFT
SPECIAL GIFT SPECIAL GIFT SPECIAL GIFT SPECIAL GIFT SPECIAL GIFT
SPECIAL GIFT SPECIAL GIFT SPECIAL GIFT SPECIAL GIFT SPECIAL GIFT
SPECIAL GIFT SPECIAL GIFT SPECIAL GIFT SPECIAL GIFT SPECIAL GIFT
SPECIAL GIFT SPECIAL GIFT SPECIAL GIFT SPECIAL GIFT SPECIAL GIFT
SPECIAL GIFT SPECIAL GIFT SPECIAL GIFT SPECIAL GIFT SPECIAL GIFT
SPECIAL GIFT SPECIAL GIFT SPECIAL GIFT SPECIAL GIFT SPECIAL GIFT

풀칠면

풀칠면

핑크펜더의 종이구관

PAPER DOLL

풀칠면

풀칠면

핑크펜더
pinkgroove

칠면

풀칠면

핑크펜더의 종이구관

PAPER DOLL

칠면

풀칠면

핑크펜더
pinkgroove

POWER
POWER
B
Smile
Smile
I'm Fine
PINK
PINK

SPECIAL GIFT SPECIAL GIFT SPECIAL GIFT SPECIAL GIFT SPECIAL GIF
SPECIAL GIFT SPECIAL GIFT SPECIAL GIFT SPECIAL GIFT SPECIAL GIF
SPECIAL GIFT SPECIAL GIFT SPECIAL GIFT SPECIAL GIFT SPECIAL GIF
SPECIAL GIFT SPECIAL GIFT SPECIAL GIFT SPECIAL GIFT SPECIAL GIF
SPECIAL GIFT SPECIAL GIFT SPECIAL GIFT SPECIAL GIFT SPECIAL GIF
SPECIAL GIFT SPECIAL GIFT SPECIAL GIFT SPECIAL GIFT SPECIAL GIF
SPECIAL GIFT SPECIAL GIFT SPECIAL GIFT SPECIAL GIFT SPECIAL GIF
SPECIAL GIFT SPECIAL GIFT SPECIAL GIFT SPECIAL GIFT SPECIAL GIF
SPECIAL GIFT SPECIAL GIFT SPECIAL GIFT SPECIAL GIFT SPECIAL GIF
SPECIAL GIFT SPECIAL GIFT SPECIAL GIFT SPECIAL GIFT SPECIAL GIF
SPECIAL GIFT SPECIAL GIFT SPECIAL GIFT SPECIAL GIFT SPECIAL GIF
SPECIAL GIFT SPECIAL GIFT SPECIAL GIFT SPECIAL GIFT SPECIAL GIF
SPECIAL GIFT SPECIAL GIFT SPECIAL GIFT SPECIAL GIFT SPECIAL GIF
SPECIAL GIFT SPECIAL GIFT SPECIAL GIFT SPECIAL GIFT SPECIAL GIF

MINI

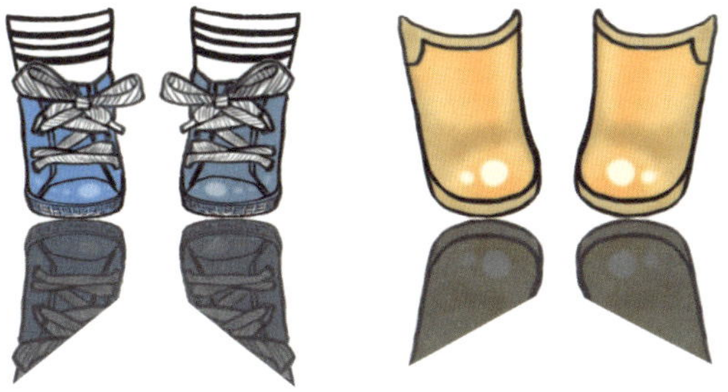

JUNIOR

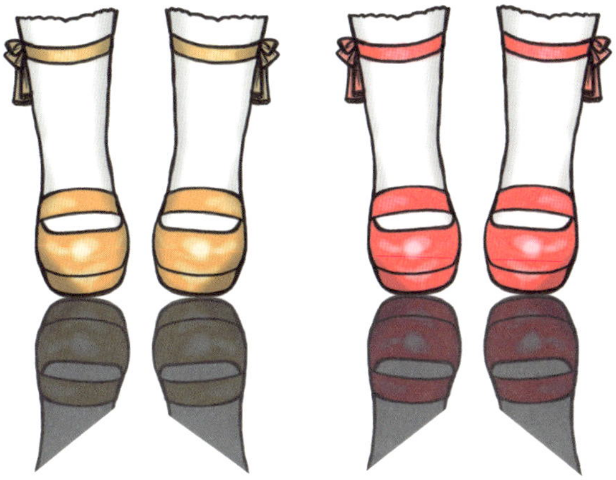

LADY

SPECIAL GIFT SPECIAL GIFT SPECIAL GIFT
SPECIAL GIFT SPECIAL GIFT SPECIAL GIFT
SPECIAL GIFT SPECIAL GIFT SPECIAL GIFT
SPECIAL GIFT SPECIAL GIFT SPECIAL GIFT
SPECIAL GIFT SPECIAL GIFT SPECIAL GIFT
SPECIAL GIFT SPECIAL GIFT SPECIAL GIFT
SPECIAL GIFT SPECIAL GIFT SPECIAL GIFT
SPECIAL GIFT SPECIAL GIFT SPECIAL GIFT
SPECIAL GIFT SPECIAL GIFT SPECIAL GIFT
SPECIAL GIFT SPECIAL GIFT SPECIAL GIFT
SPECIAL GIFT SPECIAL GIFT SPECIAL GIFT
SPECIAL GIFT SPECIAL GIFT SPECIAL GIFT
SPECIAL GIFT SPECIAL GIFT SPECIAL GIFT
SPECIAL GIFT SPECIAL GIFT SPECIAL GIFT

MINI STYLE MINI STYLE
MINI STYLE MINI STYLE
MINI STYLE MINI STYLE
MINI STYLE MINI STYLE

JUNIOR STYLE JUNIOR STYLE
JUNIOR STYLE JUNIOR STYLE
JUNIOR STYLE JUNIOR STYLE
JUNIOR STYLE JUNIOR STYLE
JUNIOR STYLE JUNIOR STYLE

LADY STYLE LADY STYLE
LADY STYLE LADY STYLE
LADY STYLE LADY STYLE
LADY STYLE LADY STYLE
LADY STYLE LADY STYLE

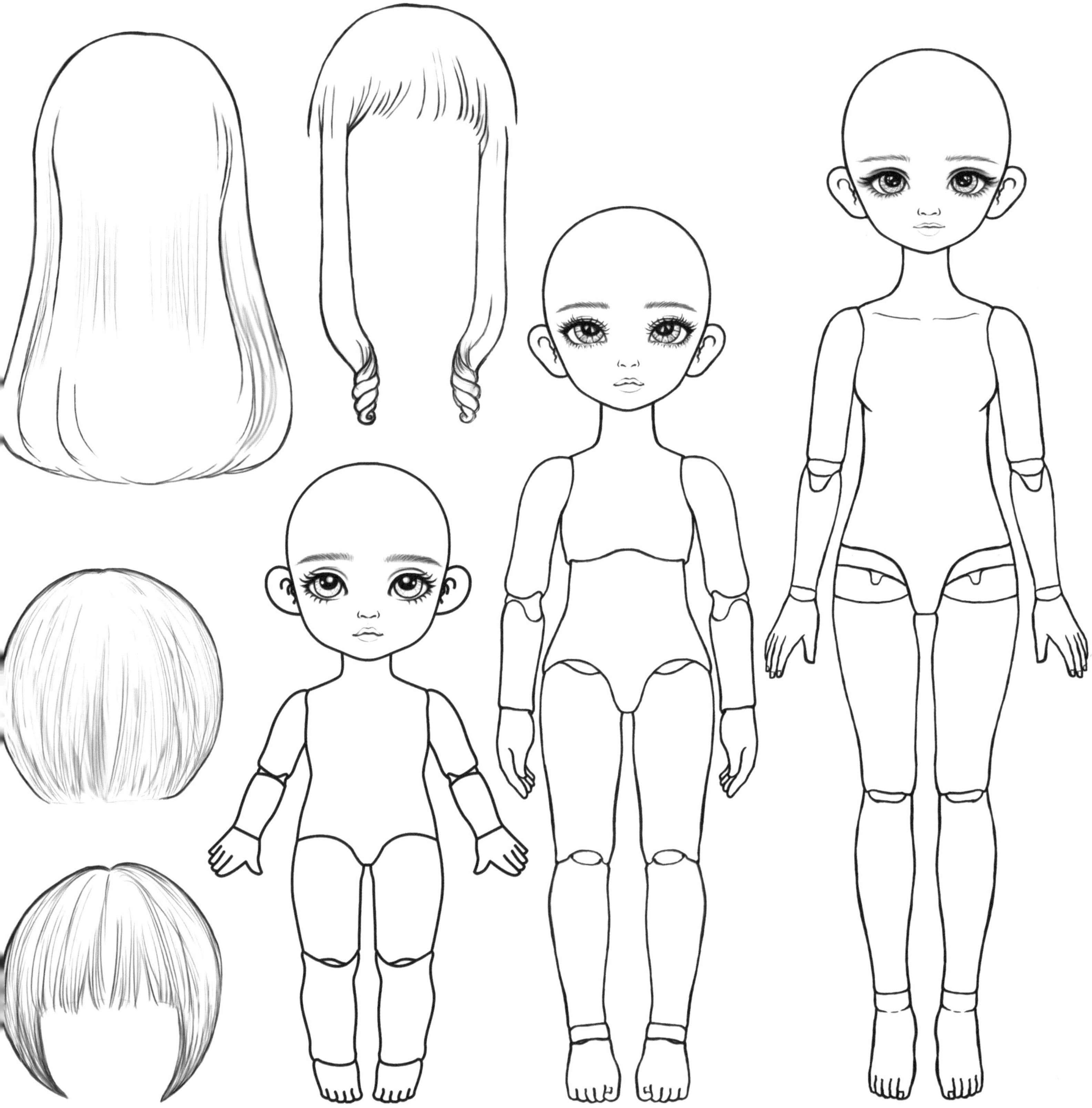

SPECIAL GIFT

MINI

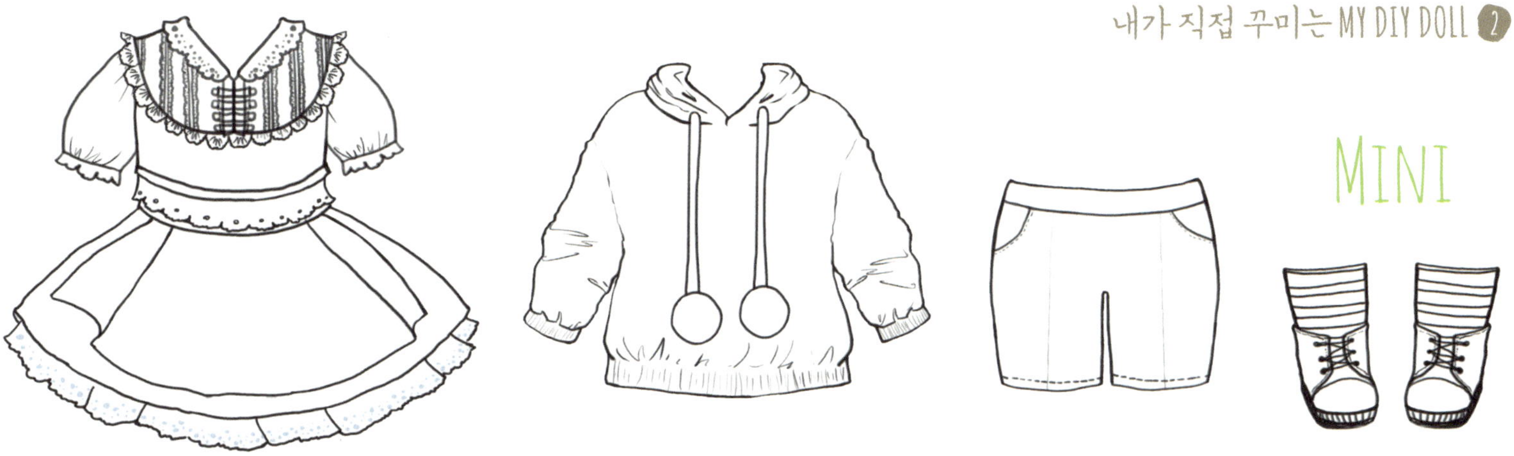

JUNIOR

LADY

MINI STYLE MINI STYLE MINI STYLE MINI STYLE MINI STYLE
MINI STYLE MINI STYLE MINI STYLE MINI STYLE MINI STYLE
MINI STYLE MINI STYLE MINI STYLE MINI STYLE MINI STYLE
MINI STYLE MINI STYLE MINI STYLE MINI STYLE MINI STYLE

JUNIOR STYLE JUNIOR STYLE JUNIOR STYLE JUNIOR STYLE JUNIOR STYLE
JUNIOR STYLE JUNIOR STYLE JUNIOR STYLE JUNIOR STYLE JUNIOR STYLE
JUNIOR STYLE JUNIOR STYLE JUNIOR STYLE JUNIOR STYLE JUNIOR STYLE
JUNIOR STYLE JUNIOR STYLE JUNIOR STYLE JUNIOR STYLE JUNIOR STYLE

LADY STYLE LADY STYLE LADY STYLE LADY STYLE LADY STYLE
LADY STYLE LADY STYLE LADY STYLE LADY STYLE LADY STYLE
LADY STYLE LADY STYLE LADY STYLE LADY STYLE LADY STYLE
LADY STYLE LADY STYLE LADY STYLE LADY STYLE LADY STYLE
LADY STYLE LADY STYLE LADY STYLE LADY STYLE LADY STYLE